Impressum
Verlag: BABADADA GmbH, Nedderfeld 112 , 22529 Hamburg
Geschäftsführer / Verlagsleitung: Harald Hof
Druck: Books on Demand GmbH, In de Tarpen 42, 22848 Norderstedt

Imprint
Publisher: BABADADA GmbH, Nedderfeld 112 , 22529 Hamburg, Germany
Managing Director / Publishing direction: Harald Hof
Print: Books on Demand GmbH, In de Tarpen 42, 22848 Norderstedt, Germany

ysgol
škola

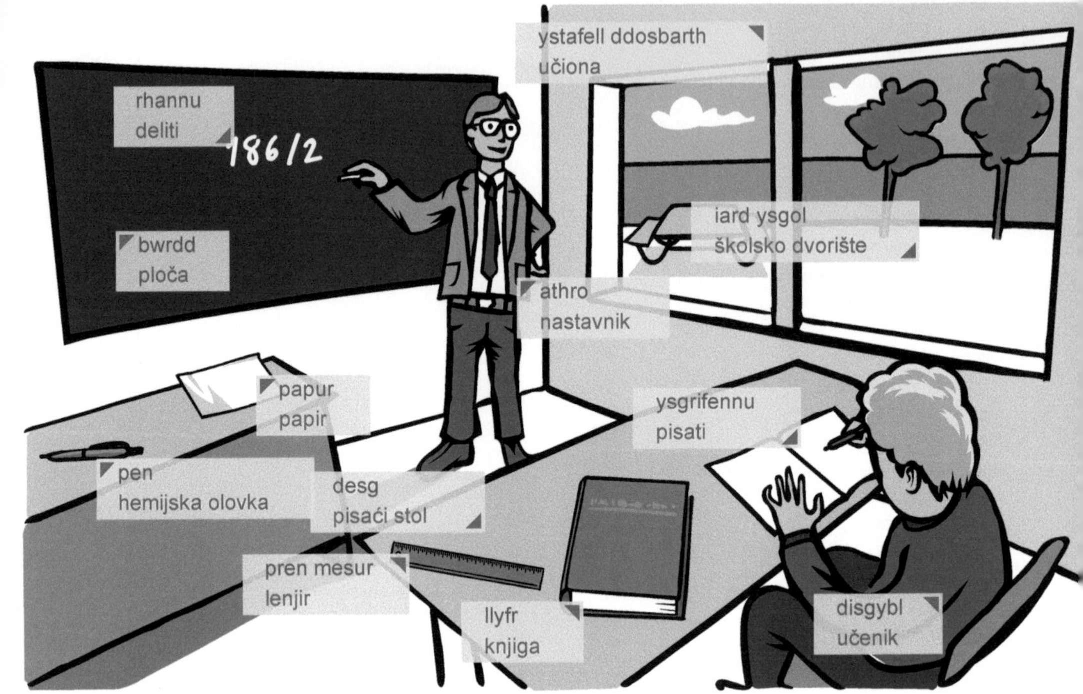

ystafell ddosbarth
učiona
rhannu
deliti
186/2
bwrdd
ploča
iard ysgol
školsko dvorište
athro
nastavnik
papur
papir
ysgrifennu
pisati
pen
hemijska olovka
desg
pisaći stol
pren mesur
lenjir
llyfr
knjiga
disgybl
učenik

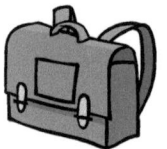

bag ysgol

torba

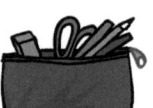

blwch penseli

pernica

pensil

grafitna olovka

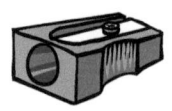

peth rhoi min ar bensil

šiljilo za olovke

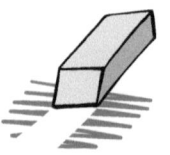

rwber

gumica za brisanje

pad arlunio

blok za crtanje

llun
....
crtež

brws paent
....
kist

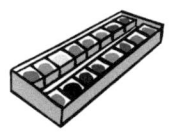

blwch paent
....
kutija sa bojama

siswrn
....
makaze

glud
....
lepilo

llyfr ysgrifennu
....
beležnica

gwaith cartref
....
domaći zadatak

rhif
....
broj

ychwanegu
....
sabirati

tynnu
....
oduzimati

lluosi
....
množiti

cyfrifo
....
računati

llythyren
....
slovo

gwyddor
....
abeceda

gair
....
reč

testun

tekst

darllen

čitati

sialc

kreda

gwers

čas

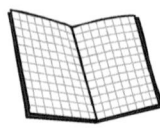

cofrestr

dnevnik

arholiad

ispit

tystysgrif

svedočanstvo

gwisg ysgol

školska uniforma

addysg

obrazovanje

gwyddoniadur

leksikon

prifysgol

univerzitet

microsgop

mikroskop

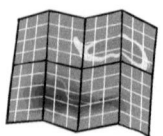

map

karta

basged papur gwastraff

košara za papir

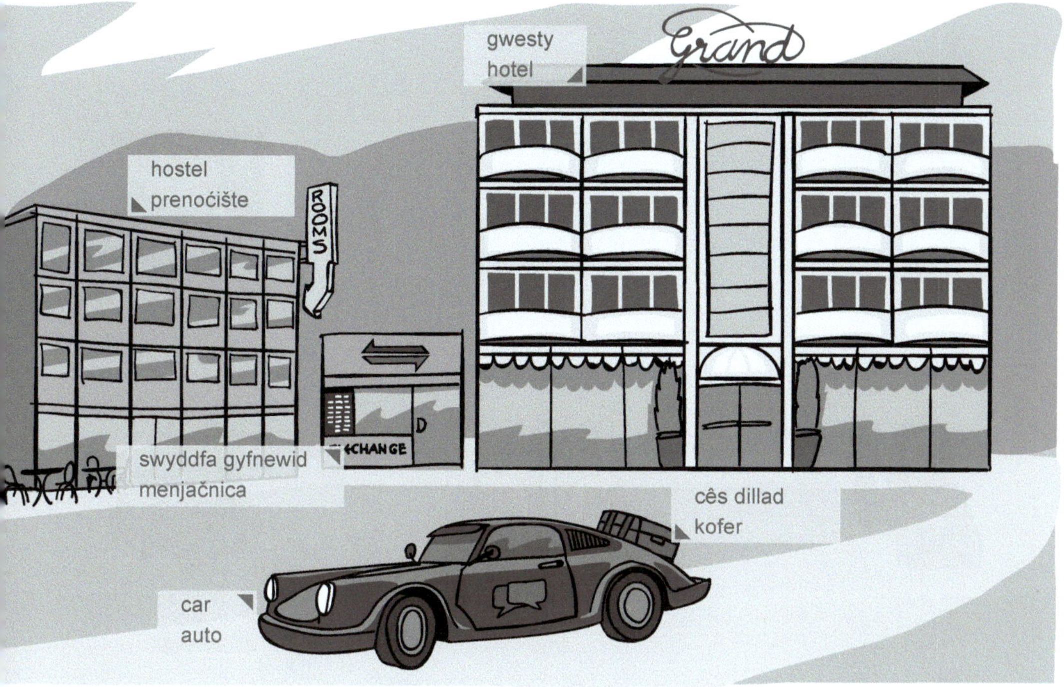

gwesty
hotel
Grand
hostel
prenoćište
ROOMS
EXCHANGE
swyddfa gyfnewid
menjačnica
cês dillad
kofer
car
auto

iaith
jezik

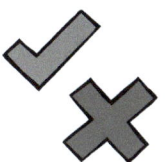

ie / na
da / ne

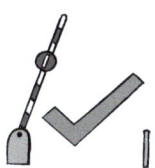

iawn
okej

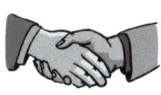

helo
zdravo

cyfieithydd
prevodilac

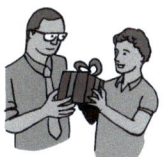

Diolch yn fawr
hvala

faint yw ...?

Koliko košta...?

Dw i ddim yn deall

ne razumem

problem

problem

Noswaith dda!

dobro veče!

Bore da!

Dobro jutro!

Nos da!

Laku noć!

hwyl

doviđenja

cyfarwyddyd

smer

bagiau

prtljaga

bag

torba

gwarbac

ruksak

gwestai

gost

ystafell

soba

sach gysgu

vreća za spavanje

pabell

šator

gwybodaeth i ymwelwyr

turističke informacije

traeth

plaža

cerdyn credyd

kreditna kartica

brecwast

doručak

cinio

ručak

swper

večera

tocyn

karta za vožnju

lifft

lift

stamp

poštanska markica

ffin

granica

tollau

carina

llysgenhadaeth

ambasada

fisa

viza

pasbort

pasoš

cludiant
transport

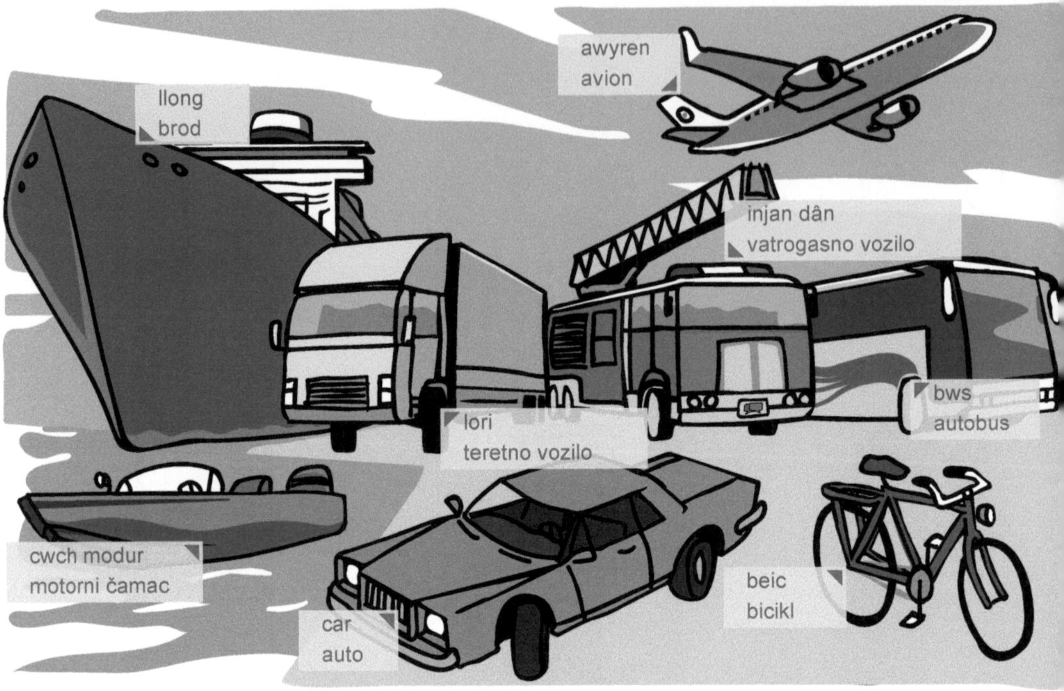
awyren
avion
llong
brod
injan dân
vatrogasno vozilo
bws
autobus
lori
teretno vozilo
cwch modur
motorni čamac
beic
bicikl
car
auto

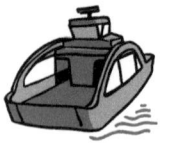

fferi
trajekt

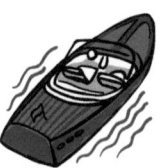

cwch
čamac

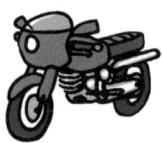

beic modur
motocikl

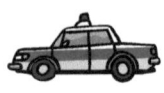

car yr heddlu
policijski auto

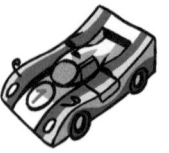

car rasio
trkaći auto

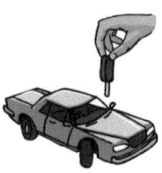

car wedi'i rentu
iznajmljeno auto

rhannu car

delenje automobila

lori tynnu

vučno vozilo

lori ysbwriel

vozilo za odvoz smeća

modur

motor

tanwydd

benzin

gorsaf betrol

benzinska stanica

arwydd traffig

saobraćajni znak

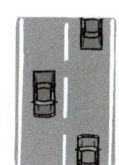

traffig

saobraćaj

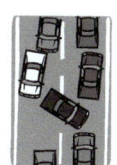

tagfa draffig

zastoj

maes parcio

parkiralište

gorsaf drennau

železnička stanica

traciau

šine

trên

voz

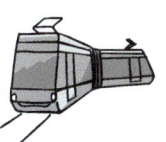

tram

tramvaj

wagen

vagon

hofrennydd
helikopter

maes awyr
aerodrom

tŵr
kula

teithiwr
putnik

cynhwysydd
kontejner

paced
karton

cert
kolica

basged
korpa

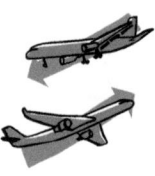

esgyn / glanio
uzleteti / sleteti

dinas

grad

pentref
selo

canol y ddinas
centar grada

tŷ
kuća

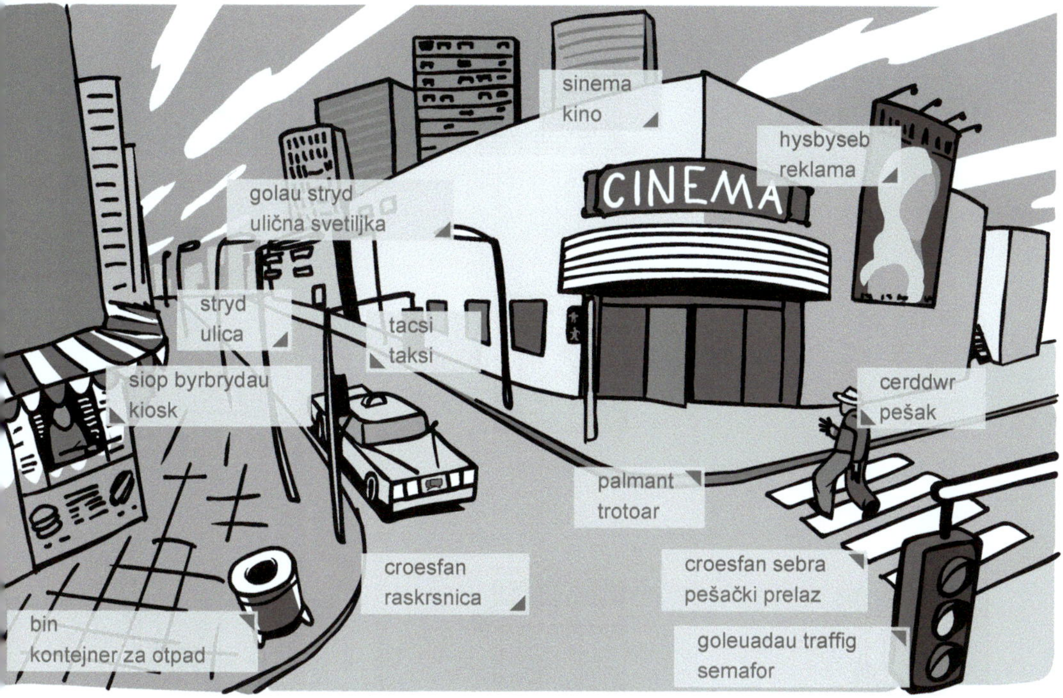

sinema
kino

hysbyseb
reklama

golau stryd
ulična svetiljka

stryd
ulica

tacsi
taksi

siop byrbrydau
kiosk

cerddwr
pešak

palmant
trotoar

croesfan
raskrsnica

croesfan sebra
pešački prelaz

bin
kontejner za otpad

goleuadau traffig
semafor

CINEMA

cwt
koliba

fflat
stan

gorsaf drennau
željeznička stanica

neuadd y dref
većnica

amgueddfa
muzej

ysgol
škola

prifysgol

univerzitet

banc

banka

ysbyty

bolnica

gwesty

hotel

fferyllfa

apoteka

swyddfa

kancelarija

siop lyfrau

knjižara

siop

prodavnica

siop flodau

cvećara

archfarchnad

supermarket

farchnad

trg

siop adrannol

robna kuća

siop bysgod

ribarnica

canolfan siopa

trgovački centar

harbwr

luka

parc

park

banc

klupa

pont

most

grisiau

stepenice

rheilffordd danddaearol

podzemna željeznica

twnnel

tunel

safle bws

autobuska stanica

bar

bar

bwyty

restoran

blwch post

poštansko sanduče

arwydd stryd

ulični znak

mesurydd parcio

parkirni automat

sŵ

zoološki vrt

pwll nofio

bazen

mosg

džamija

 fferm

seosko gazdinstvo

llygredd

zagađenje okoline

mynwent

groblje

eglwys

crkva

maes chwarae

igralište

teml

hram

tirwedd

pejsaž

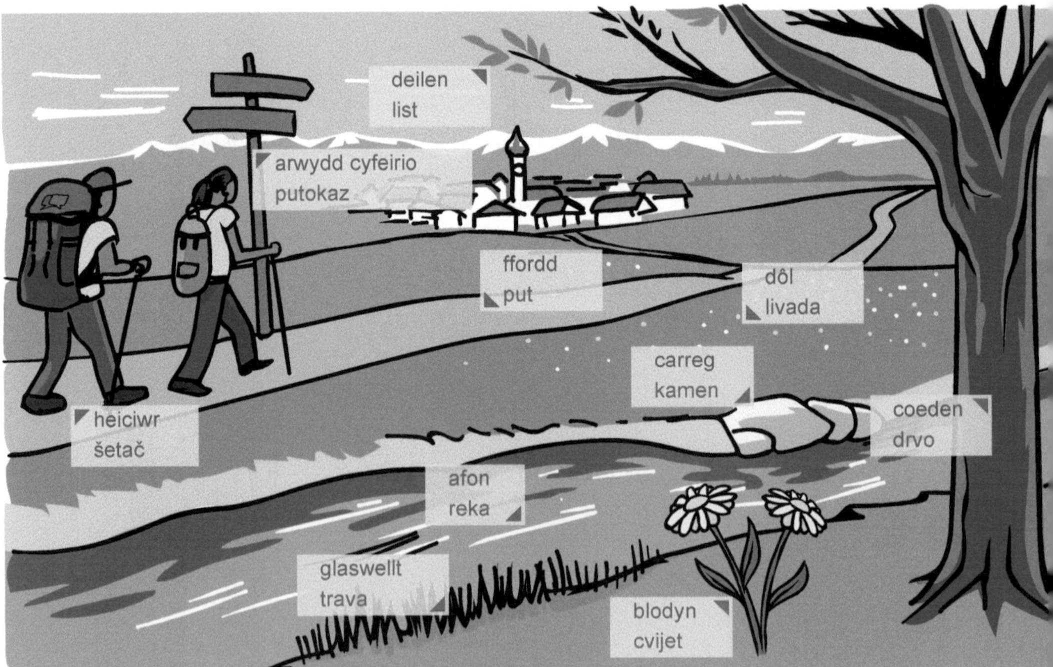

deilen
list

arwydd cyfeirio
putokaz

ffordd
put

dôl
livada

carreg
kamen

coeden
drvo

heiciwr
šetač

afon
reka

glaswellt
trava

blodyn
cvijet

cwm
dolina

bryn
planina

llyn
jezero

coedwig
šuma

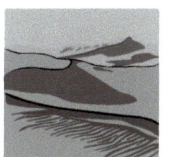

anialwch
pustinja

llosgfynydd
vulkan

castell
dvorac

enfys
duga

madarchen
gljiva

palmwydden
palma

mosgito
moskito

pryf
muva

morgrugyn
mrav

gwenyn
pčela

pryf copyn
pauk

chwilen

buba

llyffant

žaba

gwiwer

veverica

draenog

jež

ysgyfarnog

zec

tylluan

sova

aderyn

ptica

alarch

labud

baedd

divlja svinja

carw

jelen

elc

los

argae

nasip

tyrbin gwynt

vetrenjača

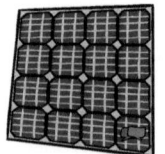

panel haul

solarna ploča

hinsawdd

klima

bwyty
restoran

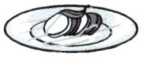

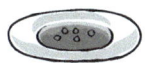

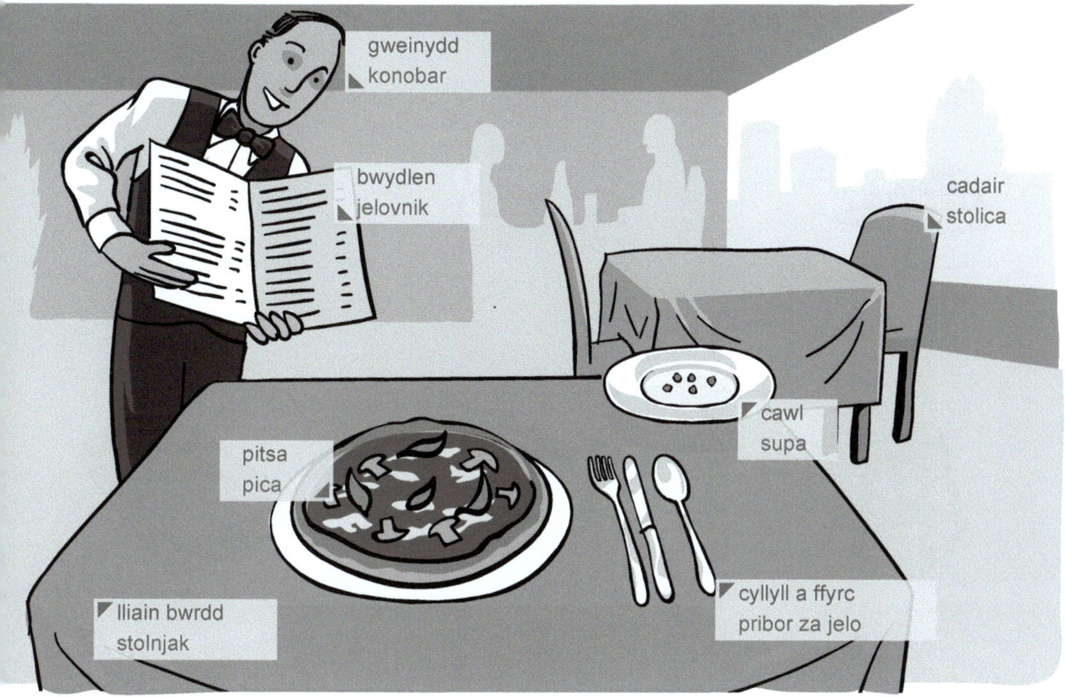
gweinydd
konobar
bwydlen
jelovnik
cadair
stolica
cawl
supa
pitsa
pica
lliain bwrdd
stolnjak
cyllyll a ffyrc
pribor za jelo

cwrs cyntaf

predjelo

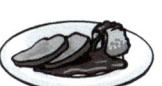

prif gwrs

glavno jelo

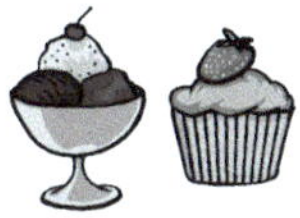

pwdin

desert

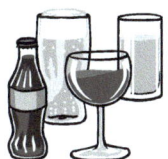

diodydd

napitci

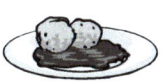

bwyd

jelo

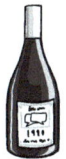

potel

flaša

bwyd cyflym

brza hrana

bwyd y stryd

imbis hrana

tebot

čajnik

powlen siwgr

doza za šećer

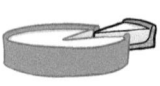

dogn

porcija

peiriant espresso

aparat za espresso

cadair plentyn

visoka stolica

bil

račun

hambwrdd

poslužavnik

cyllell

nož

fforc

viljuška

llwy

kašika

llwy de

čajna kašika

napcyn

salveta

gwydr

čaša

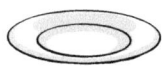

plât
tanjir

plât cawl
tanjir za supu

soser
tanjirić

saws
sos

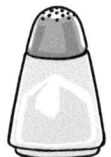

pot halen
soljenka

melin bupur
mlin za biber

finegr
sirće

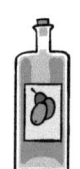

olew
ulje

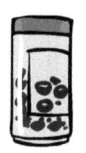

sbeisys
začini

saws coch
kečap

mwstard
senf

mayonnaise
majoneza

cynnig arbennig
ponuda

cwsmer
kupac

cynnyrch llaeth
mlečni proizvodi

ffrwythau
voće

troli
kolica za kupovinu

FOR

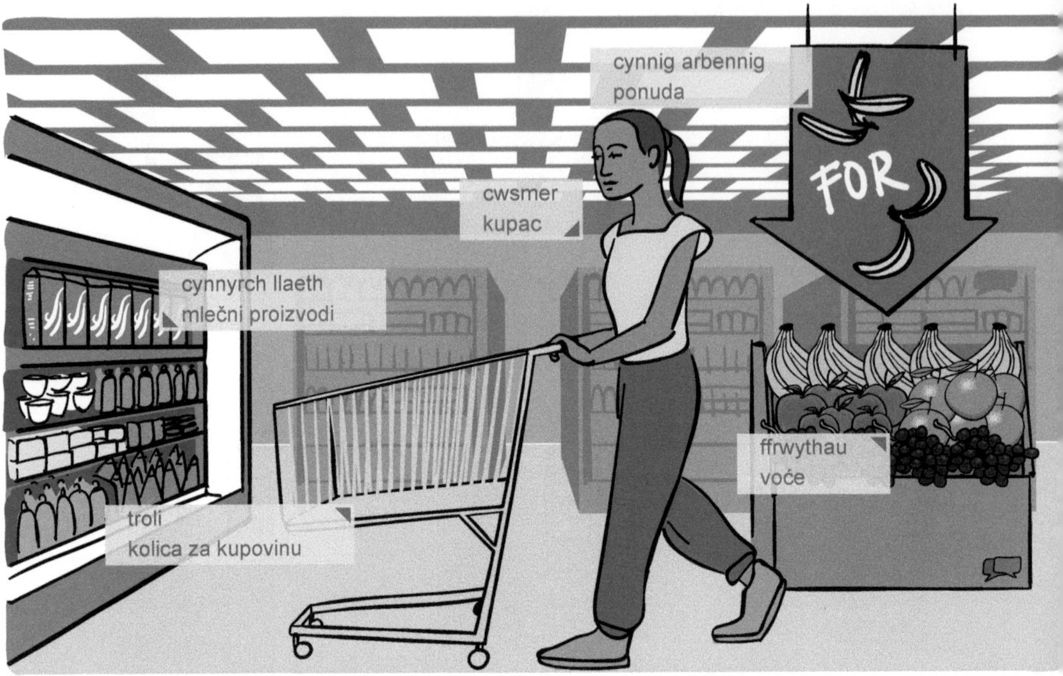

siop gig
....
mesnica

siop fara
....
pekara

pwyso
....
vagati

llysiau
....
povrće

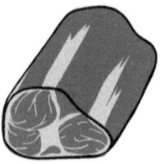

cig
....
meso

Bwyd wedi'i rewi
....
smrznuta hrana

cig oer

narezak

bwyd tun

konzerve

powdr golchi

sredstvo za pranje

da-da

slatkiši

cynnyrch cartref

artikli za domaćinstvo

cynhyrchion glanhau

sredstva za čišćenje

gwerthwraig

prodavačica

til

blagajna

ariannwr

blagajnik

rhestr siopa

lista za kupovinu

oriau agor

vreme rada

waled

novčanik

cerdyn credyd

kreditna kartica

bag

torba

bag plastig

plastična kesa

dŵr

voda

sudd

sok

llefrith

mleko

côc

kola

gwin

vino

cwrw

pivo

alcohol

alkohol

coco

kakao

te

čaj

coffi

kava

espresso

espresso

cappuccino

cappuccino

ffrwchledd

banana

afal

jabuka

oren

narandža

melon

lubenica

lemwn

limun

moronen

šargarepa

garlleg

beli luk

bambŵ

bambus

nionyn

luk

madarchen

gljiva

cnau

orašasti plodovi

nwdls

rezanci

sbageti

špagete

reis

riža

salad

salata

sglodion

pomfrit

tatws wedi'u ffrïo

pečeni krumpir

pitsa

pica

hambyrger

hamburger

brechdan

sendvič

cytled

šnicla

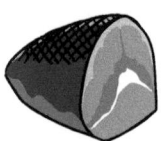

ham

šunka

salami

salama

selsig

kobasica

cyw iâr

kokoš

rhost

pečenje

pysgodyn

riba

ceirch uwd

zobene pahuljice

miwsli

musli

creision ŷd

kukuruzne pahuljice

blawd

brašno

croissant

kroasan

bynsen

pecivo

bara

hleb

tost

toast

bisgedi

keksi

menyn

maslac

ceuled

sveži sir

teisen

kolač

wy

jaje

wy wedi'i ffrïo

jaje na oko

caws

sir

hufen iâ

sladoled

siwgr

šećer

mêl

med

jam

marmelada

siocled taenu

nugat krema

cyri

kari

fferm

seosko gazdinstvo

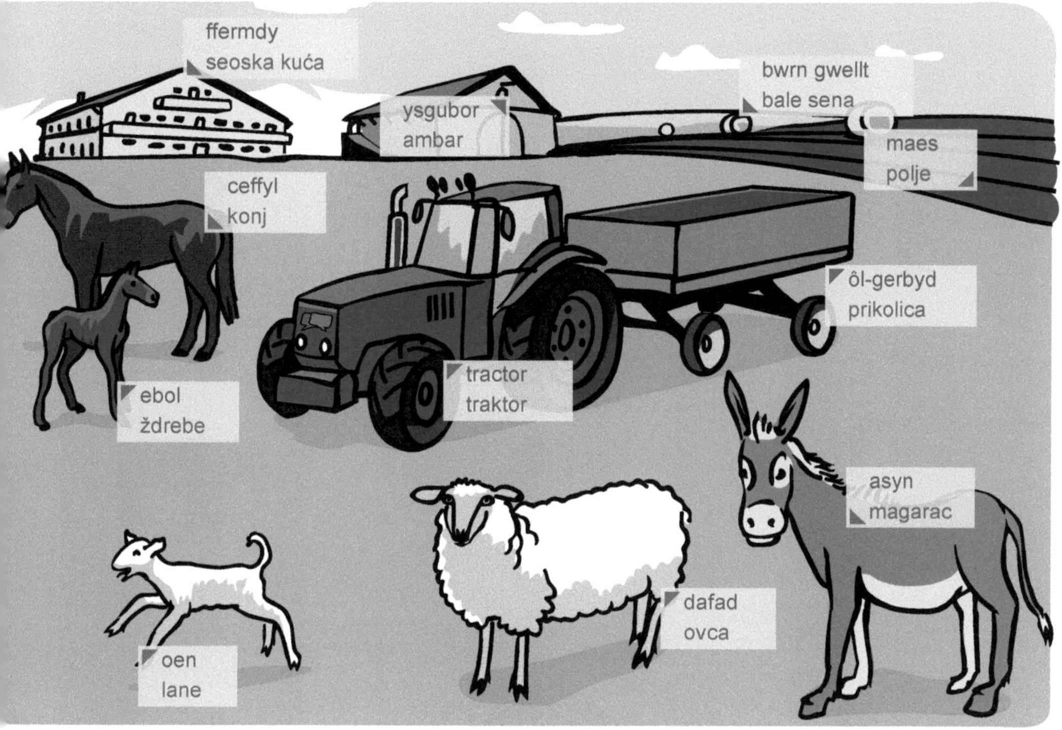
ffermdy
seoska kuća
ysgubor
ambar
bwrn gwellt
bale sena
maes
polje
ceffyl
konj
ôl-gerbyd
prikolica
tractor
traktor
ebol
ždrebe
asyn
magarac
dafad
ovca
oen
lane

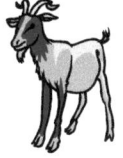

gafr

koza

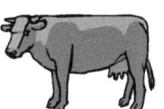

buwch

krava

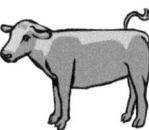

llo

tele

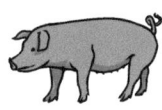

mochyn

svinja

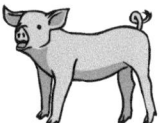

porchell

prase

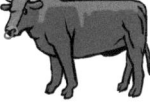

tarw

bik

gwydd

guska

hwyaden

patka

cyw

pilići

iâr

kokoš

ceiliog

petao

llygoden fawr

pacov

cath

mačka

llygoden

miš

ych

vol

ci

pas

cwt ci

kućica za psa

pibell ddŵr

vrtno crevo

can dŵr

kanta za polivanje

pladur

kosa

aradr

plug

cryman

srp

fforch chwynu

motika

picwarch

viljuška za đubrivo

bwyell

sekira

berfa

tačke

cafn

korito

tun llefrith

posuda za mleko

sach

vreća

ffens

ograda

stabl

štala

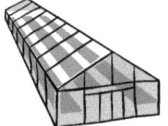

tŷ gwydr

staklenik

pridd

zemlja

hedyn

seme

gwrtaith

đubrivo

dyrnwr medi

kombajn

cynaeafu

žeti

cynhaeaf

žetva

iamau

jams začin

gwenith

pšenica

soi

soja

tysen

krumpir

grawn

kukuruz

had rêp

uljana repica

coeden ffrwythau

voćka

manioc

gomolj manioke

grawnfwydydd

žitarice

simnai
dimnjak

to
krov

peipen law
žleb

ffenestr
prozor

garej
garaža

cloch y drws
zvono

drws
vrata

bin sbwriel
korpa za otpad

blwch post
poštansko sanduče

gardd
vrt

lolfa

dnevna soba

ystafell ymolchi

kupaonica

cegin

kuhinja

ystafell wely

spavaća soba

ystafell plentyn

dečija soba

ystafell fwyta

trpezarija

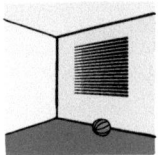

llawr

pod

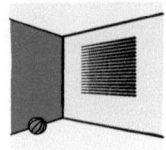

wal

zid

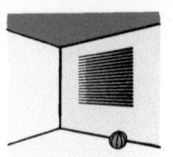

nenfwd

strop

seler

podrum

sawna

sauna

balconi

balkon

teras

terasa

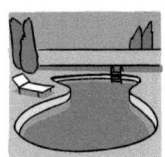

pwll

bazen

peiriant torri gwair

kosilica za travu

taflen

posteljina za krevet

gorchudd gwely

deka za krevet

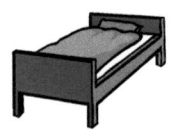

gwely

krevet

ysgub

metla

bwced

kanta

swits

prekidač

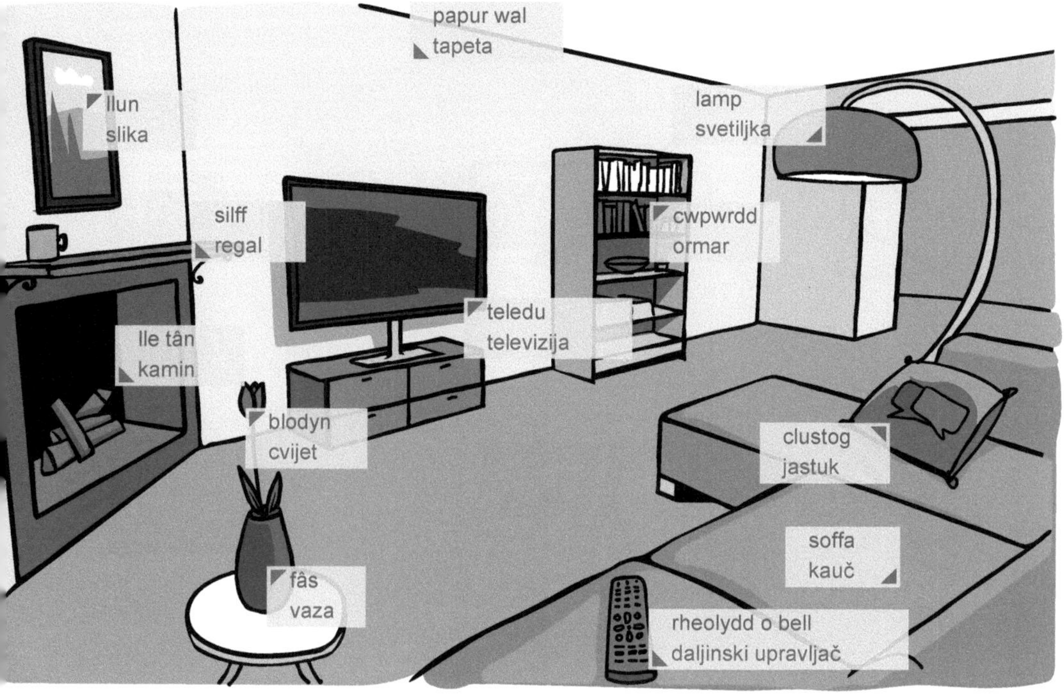

papur wal
tapeta

llun
slika

lamp
svetiljka

silff
regal

cwpwrdd
ormar

lle tân
kamin

teledu
televizija

blodyn
cvijet

clustog
jastuk

soffa
kauč

fâs
vaza

rheolydd o bell
daljinski upravljač

carped

tepih

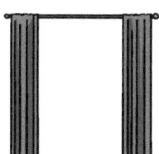

llen

zavesa

bwrdd

sto

cadair

stolica

cadair siglo

stolica za njihanje

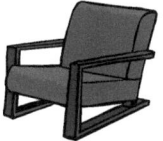

cadair freichiau

fotelja

llyfr
knjiga

blanced
deka

addurn
dekoracija

coed tân
drvo za ogrev

ffilm
film

hi-fi
hi-fi uređaj

agoriad
ključ

papur newydd
novine

darlun
slika na platnu

poster
poster

radio
radio

llyfr nodiadau
blok za pisanje

hwfer
usisivač

cactws
kaktus

cannwyll
sveća

cegin
kuhinja

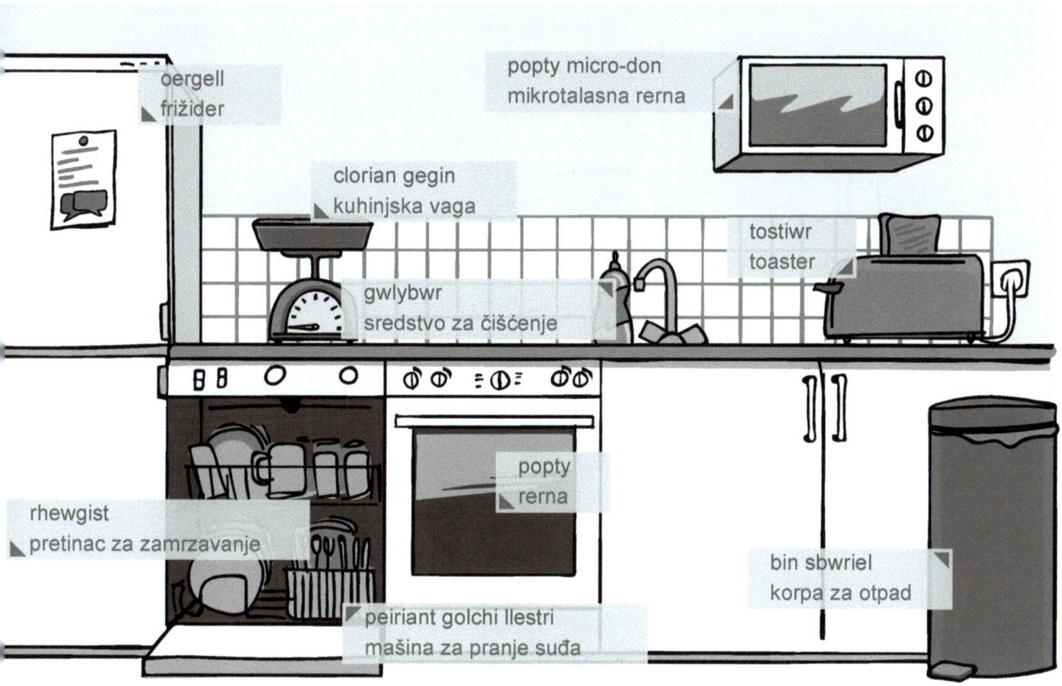

oergell
frižider
popty micro-don
mikrotalasna rerna
clorian gegin
kuhinjska vaga
tostiwr
toaster
gwlybwr
sredstvo za čišćenje
popty
rerna
rhewgist
pretinac za zamrzavanje
bin sbwriel
korpa za otpad
peiriant golchi llestri
mašina za pranje suđa

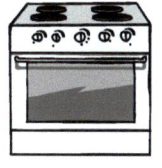

popty
šporet

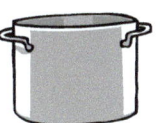

pot
lonac

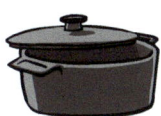

pot haearn bwrw
gvozdeni lonac

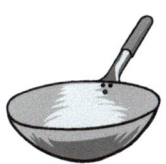

wok / kadai
wok / kadai

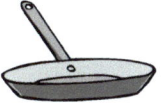

padell
tava

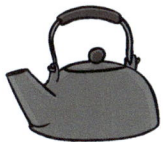

tegell
kuvalo za vodu

sosban stemio

kuvalo na paru

hambwrdd pobi

lim za pečenje

llestri

posuđe

mwg

čaša

powlen

posuda

gweill bwyta

štapići za jelo

lletwad

kutlača

ysbodol

lopatica

chwisg

penjača

hidlydd

sito za kuvanje

gogr

sito

gratiwr

ribež

morter

mužar

barbeciw

roštilj

tân agored

ognjište

bwrdd torri cig

daska

rholbren

oklagija

tynnwr corcyn

vadičep

tun

konzerva

peth agor tuniau

otvarač konzervi

clwt pot

krpa za lonac

sinc

sudoper

brws

četka

sbwng

sunđer

peiriant cymysgu

mikser

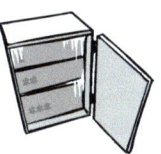

rhewgell

zamrzivač

potel babi

flašica za bebe

tap

slavina za vodu

ystafell ymolchi
kupaonica

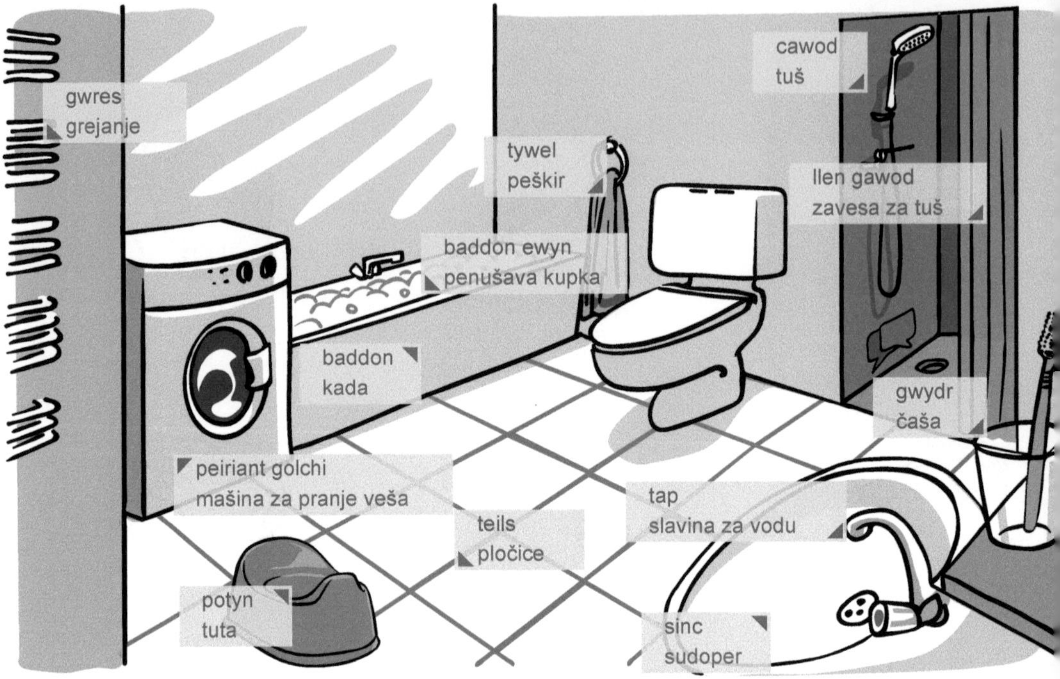

gwres
grejanje
tywel
peškir
cawod
tuš
llen gawod
zavesa za tuš
baddon ewyn
penušava kupka
baddon
kada
gwydr
čaša
peiriant golchi
mašina za pranje veša
teils
pločice
tap
slavina za vodu
potyn
tuta
sinc
sudoper

tŷ bach

toalet

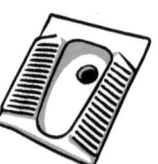

toiled cyrcydu

čučavac

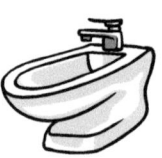

bidet

bidet

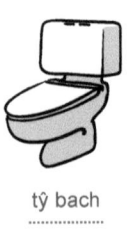

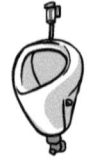

troethfa

pisoar

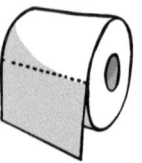

papur tŷ bach

toaletni papir

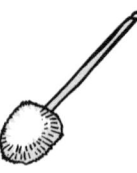

brws tŷ bach

četka za toalet

brws dannedd

četkica za zube

past dannedd

pasta za zube

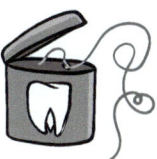

edau ddannedd

konac za zube

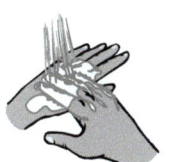

golchi

prati

cawod llaw

tuš ručica

golchfa

tuš za pranje intimnih delova

basn

lavor

brws-ôl

četka za pranje leđa

sebon

sapun

gel cawod

gel za tuširanje

siampŵ

šampon

gwlanen

krpa za pranje

ffos

odvod

hufen

krema

diaroglydd

dezodorans

drych

ogledalo

drych llaw

kozmetičko ogledalo

rasel

brijač

ewyn eillio

pena za brijanje

sent eillio

losion za posle brijanja

crib

češalj

brws

četka

sychwr gwallt

fen za kosu

chwistrell gwallt

sprej za kosu

colur

makeup

minlliw

ruž za usne

farnais ewinedd

lak za nokte

gwlân cotwm

vata

siswrn ewinedd

makaze za nokte

persawr

parfem

bag ymolchi

kozmetička torbica

stôl

stolica

clorian

vaga

gŵn baddon

ogrtač

menig rwber

rukavice za čišćenje

tampon

tampon

tywel misglwyf

uložak

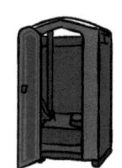

toiled cemegol

hemijski toalet

ystafell plentyn

dečija soba

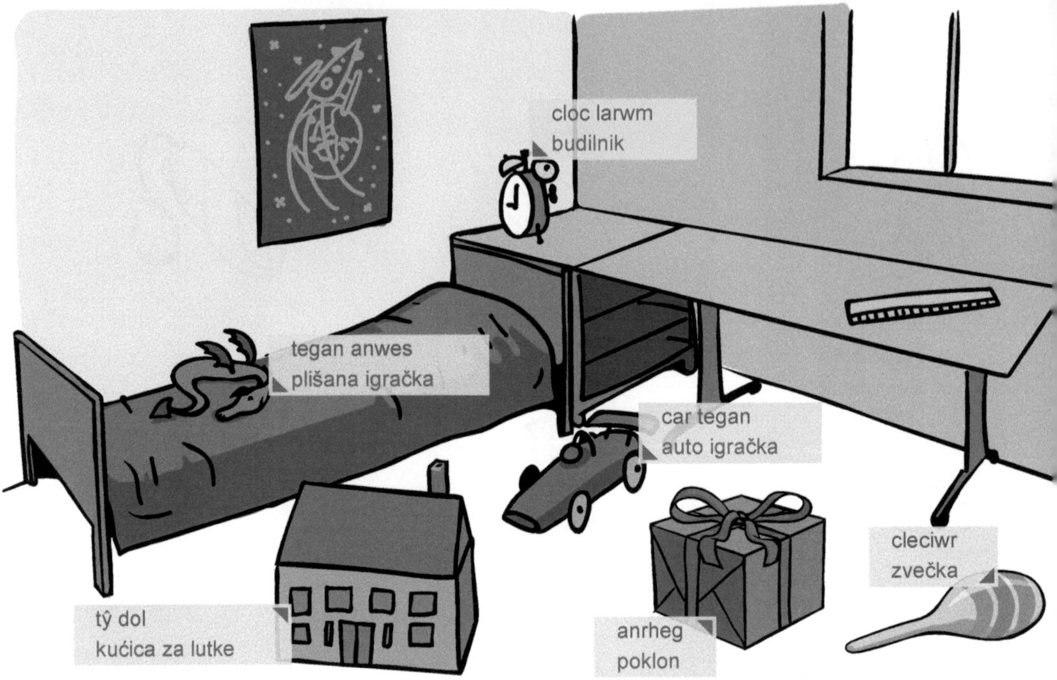

cloc larwm
budilnik
tegan anwes
plišana igračka
car tegan
auto igračka
cleciwr
zvečka
tŷ dol
kućica za lutke
anrheg
poklon

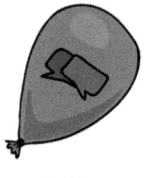

balŵn

balon

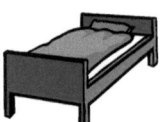

gwely

krevet

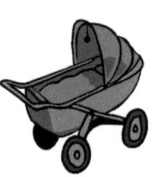

pram

dječija kolica

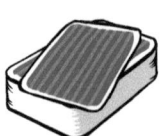

pecyn o gardiau

igra s kartama

jig-so

slagalica

SUPER MEGA

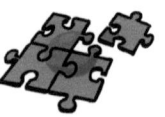

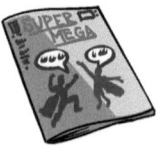

comic

strip

brics Lego

lego kockice

blociau adeiladu

kockice za slaganje

ffigur gweithredu

akcioni junak

babygro

benkica za bebe

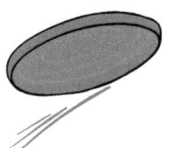

ffrisbi

frizbi

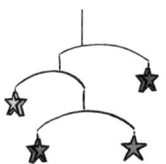

ffôn symudol

viseće igračke

gêm fwrdd

društvene igre

deis

kocka

set model trên

minijaturna željeznica

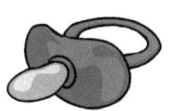

teth lwgu

duda

parti

zabava

llyfr lluniau

slikovnica

pêl

lopta

dol

lutka

chwarae

igrati

pwll tywod

pješčanik

swing

ljuljačka

teganau

igračka

consol gemau fideo

konzola za igre

beic tair olwyn

tricikl

tedi

tedi

cwpwrdd dillad

ormar

hosanau

kratke čarape

hosanau

čarape

teits

hulahopke

sgarff
šal

ymbarél
kišobran

crys-t
majica

gwregys
kaiš

esgidiau
čizme

sliperi
papuče

esidiau ymarfer
patike

sandalau
sandale

esgidiau
cipele

esgidiau rwber
gumene čizme

trôns
gaćice

bra
grudnjak

fest
potkošulja

corff

bodi

trowsus

pantalone

jîns

farmerke

sgert

suknja

blows

bluza

crys

košulja

pwlofer

džemper

hwdi

džemper s kapuljačom

blaser

sako

siaced

jakna

côt

kaput

côt law

kabanica

gwisg

kostim

gŵn

haljina

gwisg briodas

venčanica

siwt
odelo

gŵn nos
spavaćica

pyjamas
pidžama

sari
sari

sgarff pen
marama za glavu

tyrban
turban

bwrca
burka

cafftan
kaftan

abaya
abaja

gwisg nofio
kupaći kostim

trowsus nofio
kupaće gaćice

siorts
kratke pantalone

tracwisg
odeća za trening

ffedog
kecelja

menig
rukavice

botwm

dugme

sbectol

naočare

breichled

narukvica

cadwyn

ogrlica

modrwy

prsten

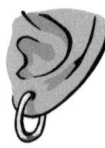

clustdlws

naušnica

cap

kapa

cambren

vešalica

het

šešir

tei

kravata

sip

patent zatvarač

helmed

kaciga

fframiau danedd

naramenice

gwisg ysgol

školska uniforma

gwisg

uniforma

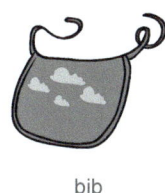

bib

podbradak

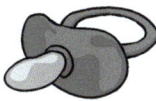

teth lwgu

duda

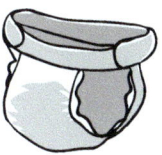

cewyn

pelena

swyddfa

kancelarija

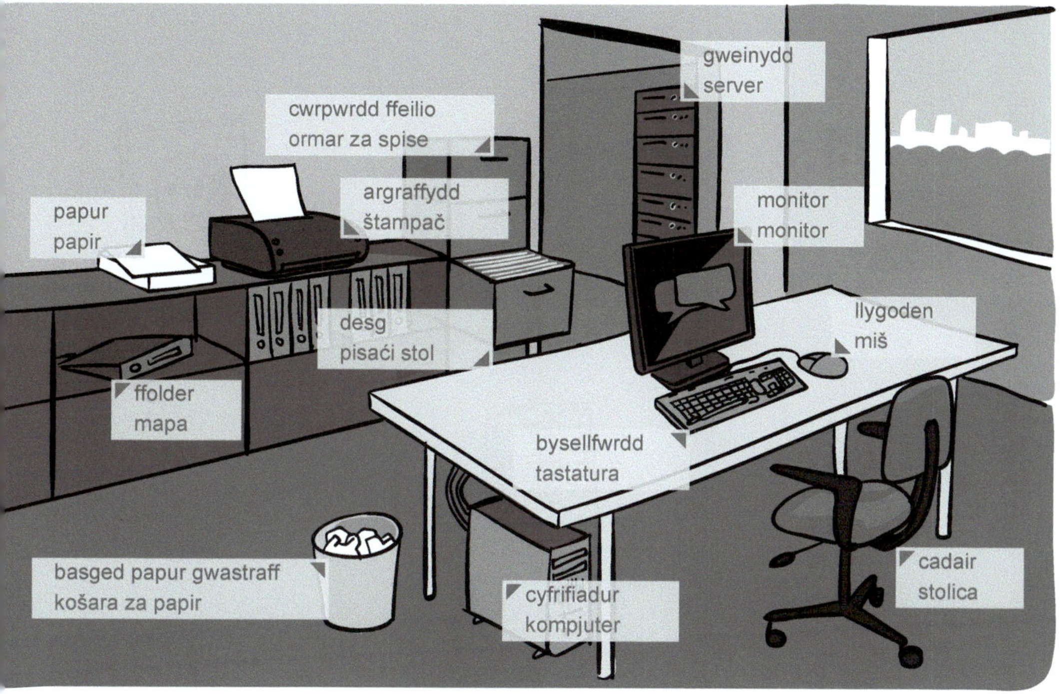

gweinydd
server
cwrpwrdd ffeilio
ormar za spise
argraffydd
štampač
papur
papir
monitor
monitor
llygoden
miš
desg
pisaći stol
ffolder
mapa
bysellfwrdd
tastatura
basged papur gwastraff
košara za papir
cyfrifiadur
kompjuter
cadair
stolica

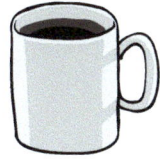

mwg coffi

šalica za kavu

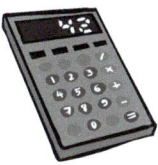

cyfrifiannell

kalkulator

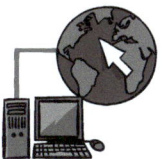

rhyngrwyd

internet

gliniadur

laptop

llythyr

pismo

neges

poruka

ffôn symudol

mobilni telefon

rhwydwaith

mreža

llungopïwr

uređaj za kopiranje

meddalwedd

softver

teleffon

telefon

soced plwg

utičnica

peiriant ffacs

faks

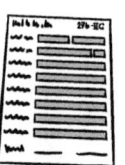

ffurflen

formular

dogfen

dokument

swyddfa - kancelarija

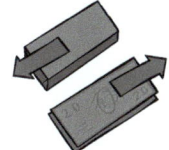

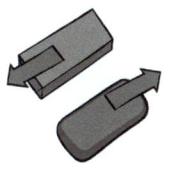

prynu

talu

masnachu

kupovati

platiti

trgovati

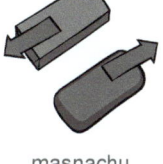

arian

doler

ewro

novac

dolar

evro

yen

rwbl

ffranc y Swistir

jen

rublja

švajcarski franak

yuan renminbi

rwpi

peiriant arian

renmindbi juan

rupija

automat za novac

swyddfa gyfnewid
menjačnica

aur
zlato

arian
srebro

olew
nafta

ynni
energija

pris
cena

contract
ugovor

treth
porez

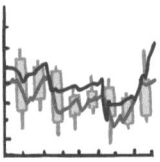

stoc
deonica

gweithio
raditi

cyflogai
službenik

cyflogwr
poslodavac

ffatri
fabrika

siop
prodavnica

swyddi
zanimanja

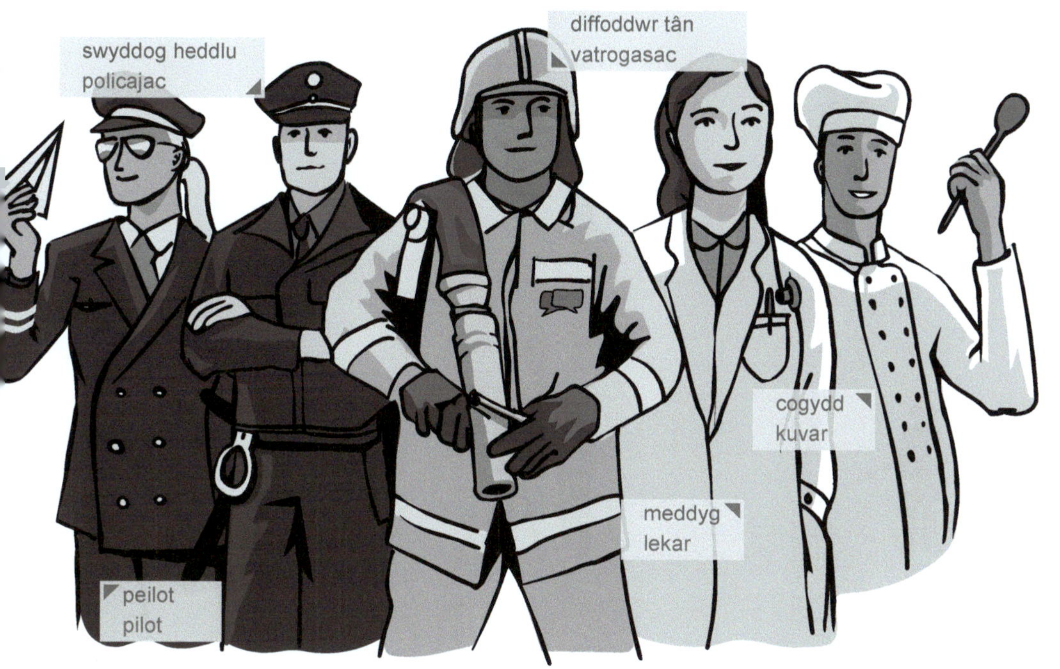

swyddog heddlu
policajac
diffoddwr tân
vatrogasac
cogydd
kuvar
meddyg
lekar
peilot
pilot

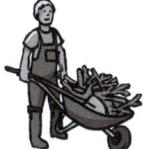

garddwr
vrtlar

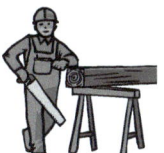

saer
stolar

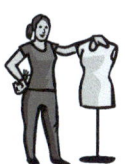

gwniadwraig
krojačica

barnwr
sudija

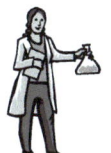

fferyllydd
hemičar

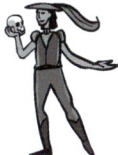

actor
glumac

gyrrwr bws

vozač autobusa

gyrrwr tacsi

vozač taksija

pysgotwr

ribar

glanhawraig

čistačica

töwr

krovopokrivač

gweinydd

konobar

heliwr

lovac

paentiwr

slikar

pobydd

pekar

trydanwr

električar

adeiladwr

građevinski radnik

peiriannydd

inženjer

cigydd

mesar

plymiwr

limar

dyn y post

poštar

milwr

vojnik

pensaer

arhitekta

ariannwr

blagajnik

gwerthwr blodau

cvećar

triniwr gwallt

frizer

archwiliwr tocynnau
rheilffordd

kondukter

mecanydd

mehaničar

capten

kapetan

deintydd

zubar

gwyddonydd

naučnik

rabi

rabi

imam

imam

mynach

monah

clerigwr

svećenik

offer
alati

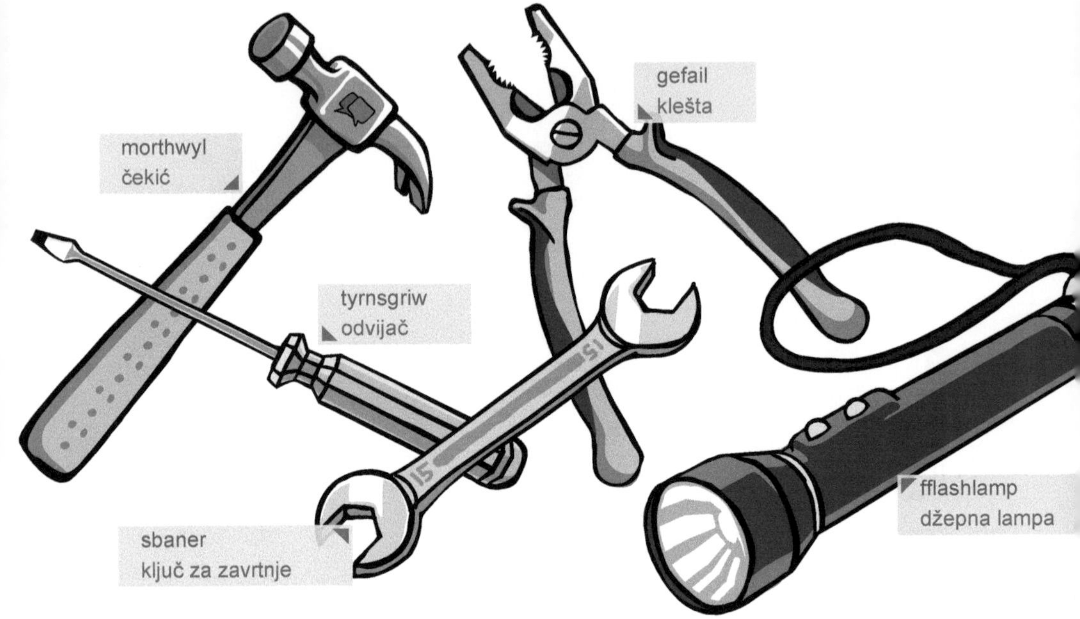
morthwyl
čekić
gefail
klešta
tyrnsgriw
odvijač
sbaner
ključ za zavrtnje
fflashlamp
džepna lampa

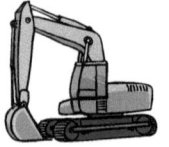

turiwr

bager

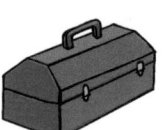

blwch offer

kutija za alat

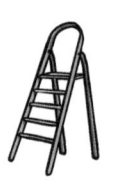

ysgol

merdevine

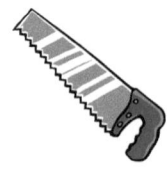

llif

pila

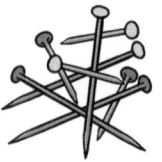

hoelion

ekser

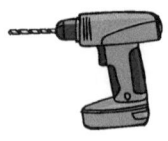

dril

bušilica

trwsio
....
popraviti

rhaw
....
lopata

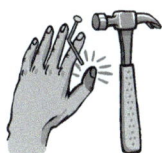

Daria!
....
do đavola!

rhaw lwch
....
lopatica

pot paent
....
lonac za boju

sgriwiau
....
zavrtanji

offerynnau cerdd
muzički instrument

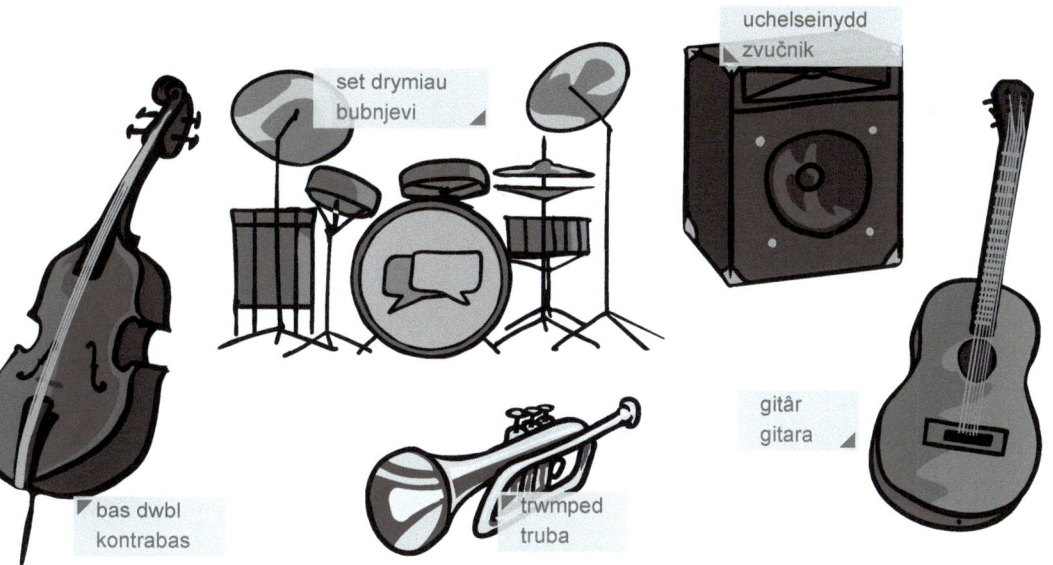

set drymiau
bubnjevi

uchelseinydd
zvučnik

gitâr
gitara

bas dwbl
kontrabas

trwmped
truba

piano

klavir

ffidil

violina

bas

bas

timpani

timpani

drymiau

udaraljke za bubnjeve

cyweirfwrdd

tipke klavira

sacsoffon

saksofon

ffliwt

flauta

meicroffon

mikrofon

sŵ

zoološki vrt

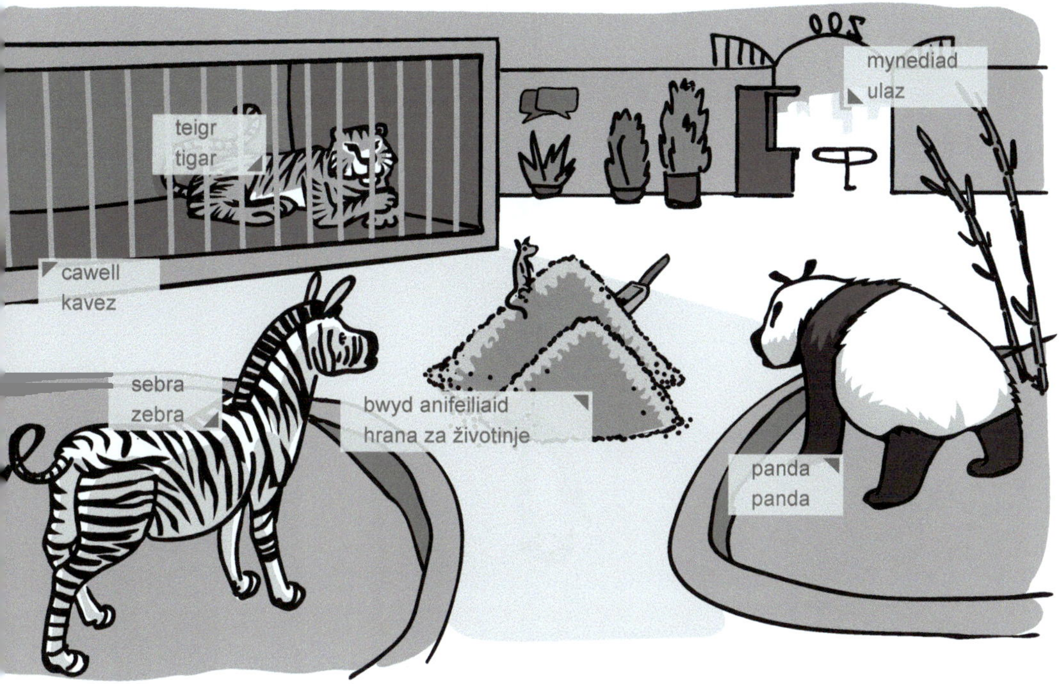
teigr
tigar
mynediad
ulaz
cawell
kavez
sebra
zebra
bwyd anifeiliaid
hrana za životinje
panda
panda

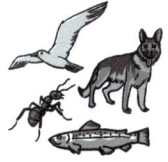

anifeiliaid

životinje

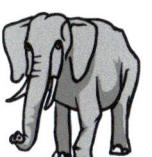

eliffant

slon

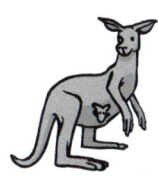

cangarŵ

kengur

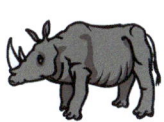

rhinoseros

nosorog

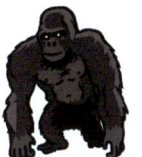

gorila

gorila

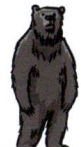

arth

medved

camel

kamila

estrys

noj

llew

lav

mwnci

majmun

fflamingo

flamingo

parot

papagaj

arth wen

polarni medved

pengwin

pingvin

siarc

ajkula

paun

paun

neidr

zmija

crocodeil

krokodil

gofalwr sŵ

čuvar u zoološkom vrtu

morlo

tuljan

jagwar

jaguar

merlyn

poni

llewpard

leopard

hipo

nilski konj

jiráff

žirafa

eryr

orao

baedd

divlja svinja

pysgodyn

riba

crwban

kornjača

walrws

morž

llwynog

lisica

gafrewig

gazela

pêl-droed America
američki nogomet

beicio
biciklizam

tennis
tenis

pêl-fasged
košarka

nofio
plivanje

bocsio
boks

hoci iâ
hokej na ledu

pêl-droed	badminton	athletau
fudbal	badminton	atletika

pêl-law	sgïo	polo
rukomet	skijanje	polo

gweithgareddau
aktivnosti

chwerthin
smejati se
neidio
skočiti
cofleidio
zagrliti
cerdded
ići
canu
pevati
breuddwydio
sanjati
gweddïo
moliti se
cusanu
poljubiti

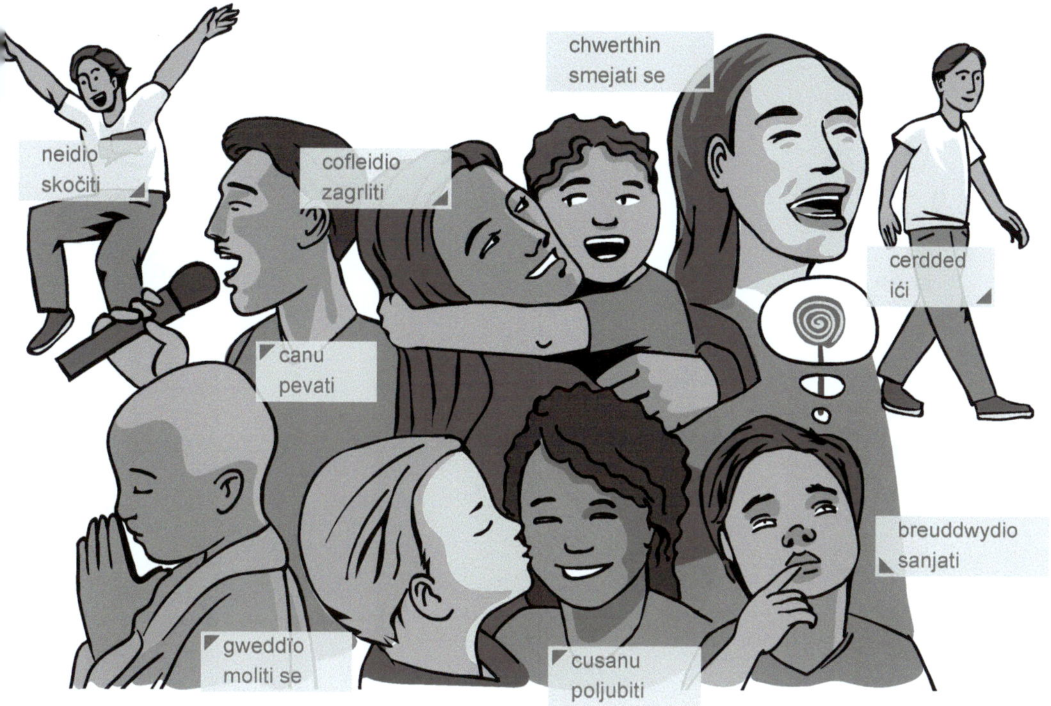

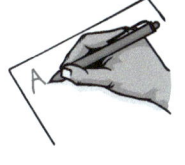

ysgrifennu
pisati

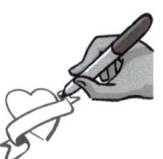

tynnu
crtati

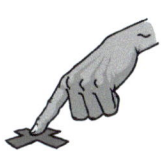

dangos
pokazati

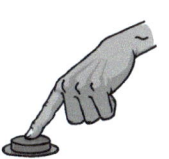

gwthio
gurati

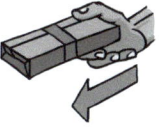

rhoi
dati

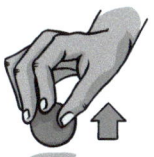

cymryd
uzeti

bod gan

imati

gwneud

činiti

bod

biti

sefyll

stojati

rhedeg

trčati

tynnu

povlačiti

taflu

baciti

disgyn

padati

gorwedd

ležati

aros

čekati

cario

nositi

eistedd

sediti

gwisgo amdanoch

oblačiti

cysgu

spavati

deffro

probuditi se

edrych ar

gledati

crïo

plakati

anwesu

milovati

cribo

češljati

siarad

govoriti

deall

razumeti

gofyn

pitati

gwrando

slušati

yfed

piti

bwyta

jesti

tacluso

pospremiti

caru

voleti

coginio

kuhati

gyrru

voziti

hedfan

leteti

hwylio

ploviti

cyfrifo

računati

darllen

čitati

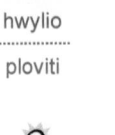

dysgu

učiti

gweithio

raditi

priodi

venčati se

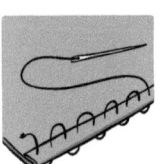

gwnïo

šiti

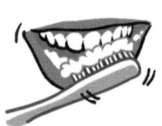

brwsio dannedd

prati zube

lladd

ubiti

ysmygu

pušiti

anfon

poslati

teulu
porodica

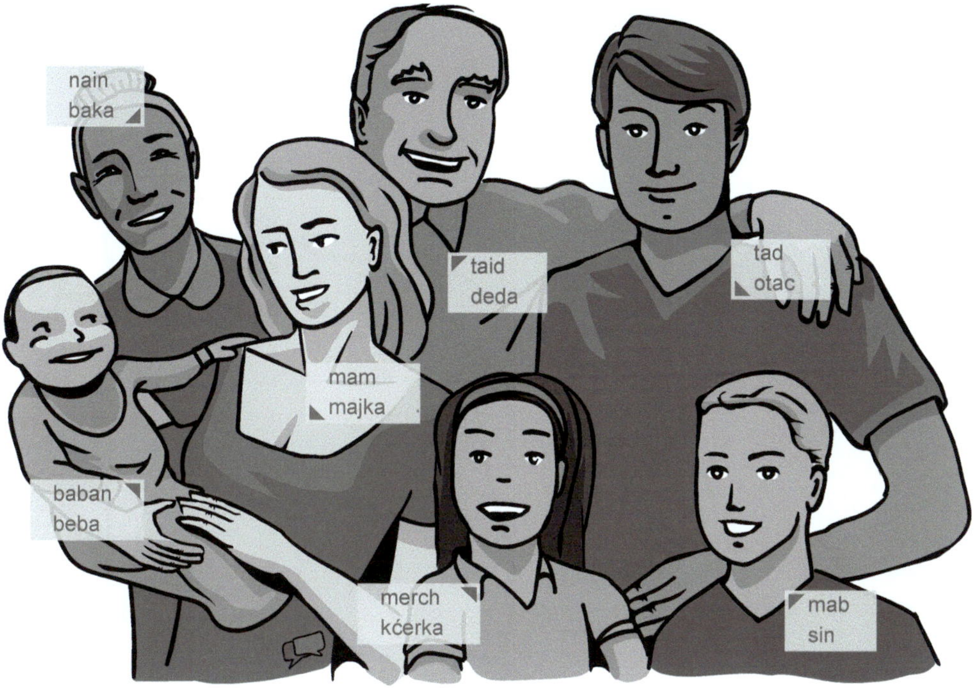

nain
baka
taid
deda
tad
otac
mam
majka
baban
beba
merch
kćerka
mab
sin

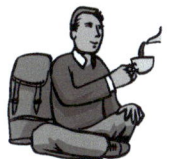

gwestai

gost

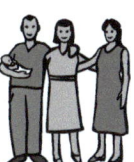

modryb

tetka

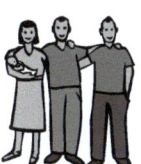

ewythr

ujak, stric

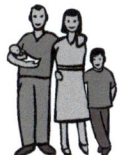

brawd

brat

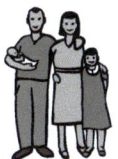

chwaer

sestra

corff

telo

talcen
čelo
llygad
oko
ysgwydd
rame
bys
prst
wyneb
lice
gên
brada
llaw
ruka
coes
noga
bron
grudi
braich
ruka

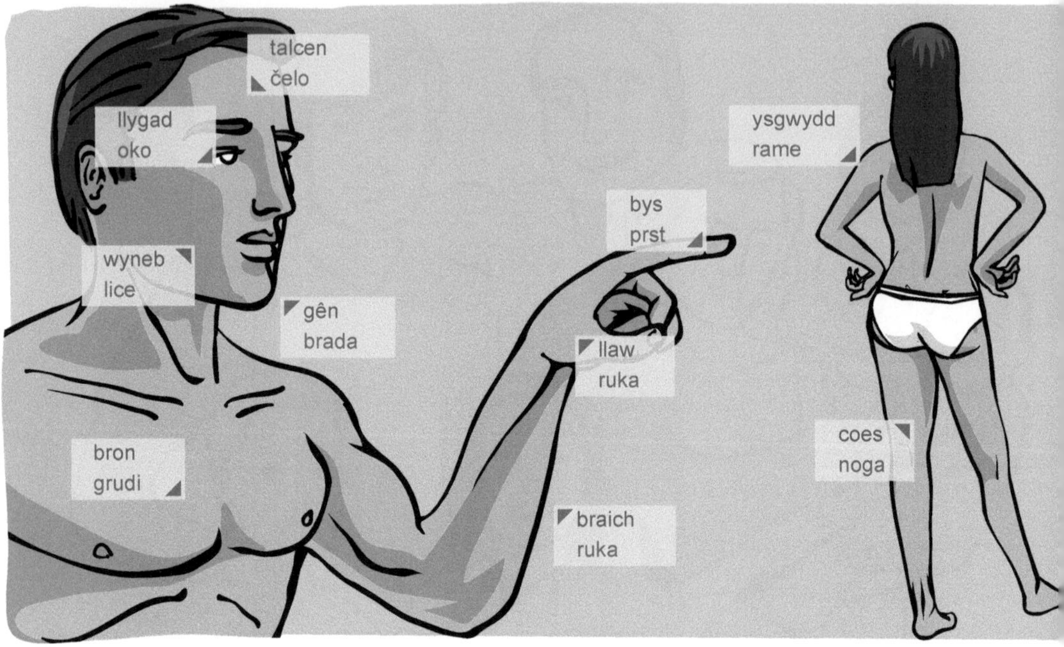

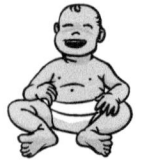

baban

beba

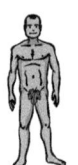

dyn

muškarac

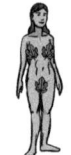

gwraig

žena

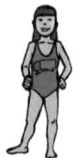

geneth

devojčica

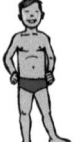

bachgen

dečak

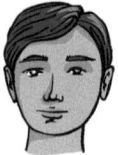

pen

glava

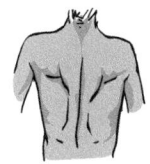

cefn

leđa

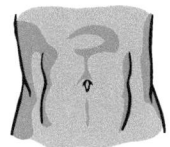

bel

stomak

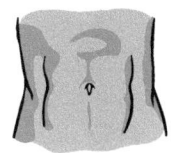

bogail

pupak

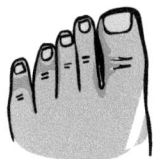

bys troed

nožni prst

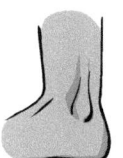

sawdl

peta

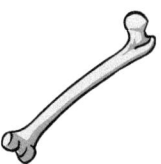

asgwrn

kost

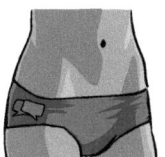

clun

kukovi

pen-glin

koleno

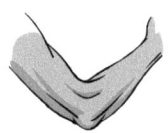

penelin

lakat

trwyn

nos

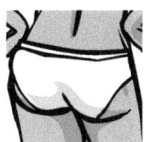

pen ôl

zadnjica

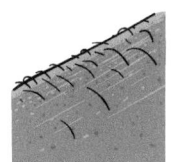

croen

koža

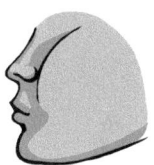

boch

obraz

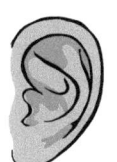

clust

uvo

gwefus

usna

ceg

usta

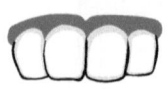

dant

zub

tafod

jezik

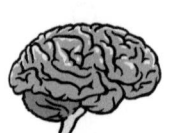

ymennydd

mozak

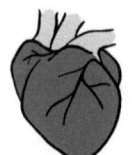

calon

srce

cyhyr

mišić

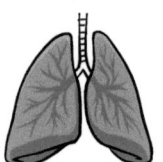

ysgyfaint

pluća

iau

jetra

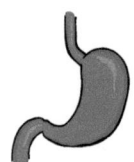

stumog

želudac

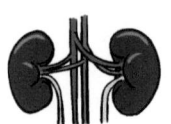

arennau

bubrezi

rhyw

polni odnos

condom

kondom

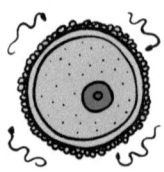

ofwm

jajna ćelija

semen

sperma

beichiogrwydd

trudnoća

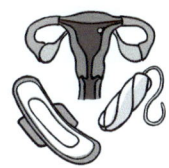

mislif
menstruacija

fagina
vagina

pidyn
penis

ael
obrva

gwallt
kosa

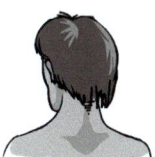

gwddf
vrat

ysbyty
bolnica

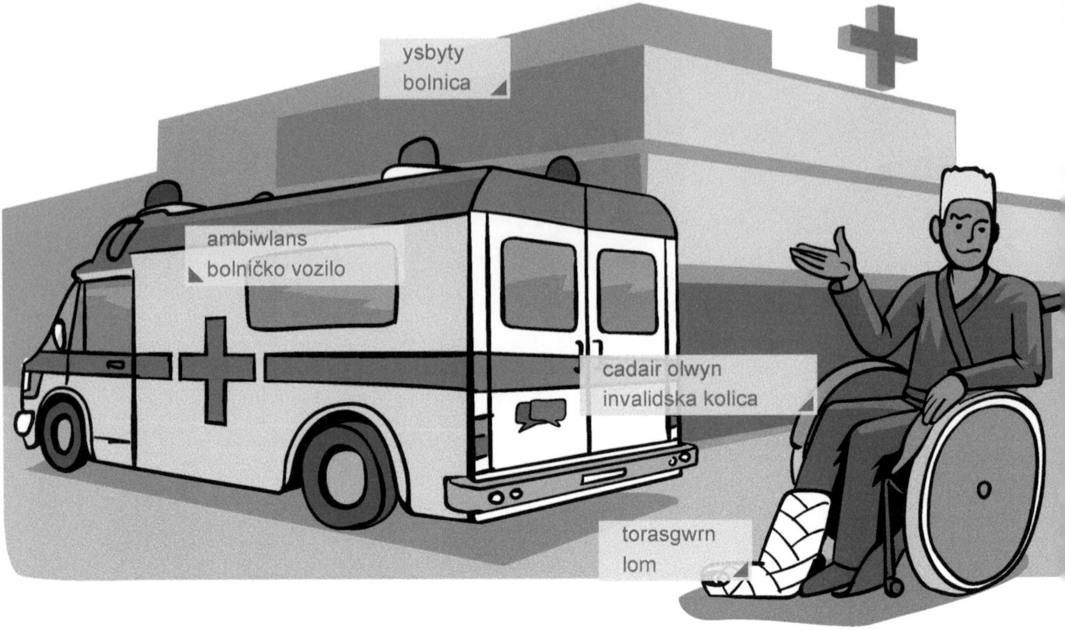

ysbyty
bolnica
ambiwlans
bolničko vozilo
cadair olwyn
invalidska kolica
torasgwrn
lom

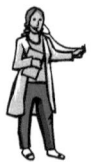

meddyg

lekar

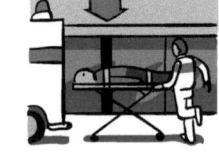

ystafell argyfwng

hitna medicinska služba

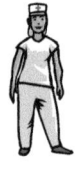

nyrs

medicinska sestra

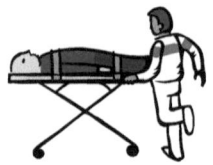

argyfwng

hitni slučaj

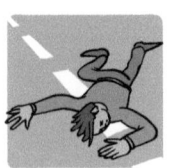

anymwybodol

nesvest

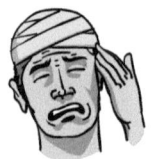

poen

bol

anaf

povreda

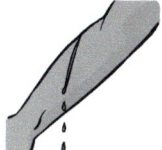

gwaedu

krvarenje

trawiad ar y galon

srčani udar

strôc

udar

alergedd

alergija

peswch

kašalj

twymyn

groznica

ffliw

gripa

dolur rhydd

proliv

cur pen

glavobolja

canser

rak

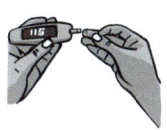

diabetes

dijabetes

llawfeddyg

hirurg

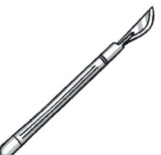

fflaim

skalpel

gweithrediad

operacija

CT

ct

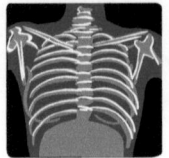

pelydr-x

rentgen

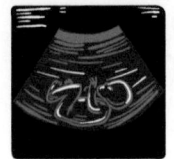

uwchsain

ultrazvuk

mwgwd wyneb

maska

clefyd

bolest

ystafell aros

čekaona

bagl

štaka

plastr

flaster

rhwymyn

zavoj

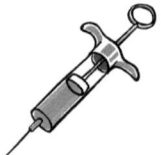

pigiad

injekcija

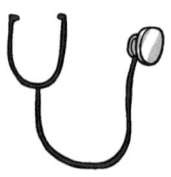

stethosgop

stetoskop

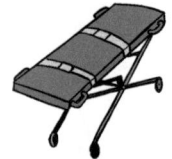

elorwely

nosila

thermomedr clinigol

termometar

genedigaeth

rođenje

dros bwysau

prekomerna težina

cymorth clyw

slušni aparat

diheintydd

sredstvo za dezinfekciju

haint

infekcija

firws

virus

HIV / AIDS

HIV / AIDS

meddygaeth

medicina

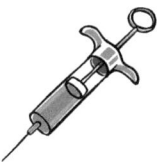

brechiad

vakcinacija

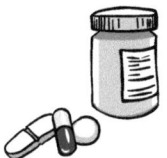

tabledi

tablete

y bilsen

pilula

galwad frys

hitni poziv

monitor pwysau gwaed

uređaj za merenje pritiska

yn sâl / yn iach

bolesno / zdravo

Help!

pomoć!

larwm

alarm

ymosodiad

nasrtaj

ymosodiad

napad

perygl

opasnost

allanfa argyfwng

izlaz u slučaju nužde

Tân!

požar!

diffoddwr tân

protivpožarni aparat

damwain

nezgoda

pecyn cymorth cyntaf

kutija prve pomoći

SOS

sos

heddlu

policija

Ewrop

Evropa

Gogledd America

Severna Amerika

De America

Južna Amerika

Affrica

Afrika

Asia

Azija

Awstralia

Australija

Iwerydd

Atlantik

y Môr Tawel

Pacifik

Cefnfor yr India

Indijski okean

Cefnfor yr Antarctig

Antarktički okean

Cefnfor yr Arctig

Arktički ocean

Pegwn y Gogledd

Severni pol

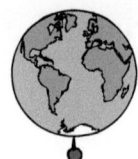

Pegwn y De

Južni pol

Antarctica

Antarktik

y Ddaear

zemlja

tir

zemlja

môr

more

ynys

otok

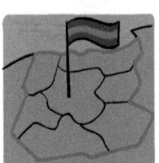

cenedl

nacija

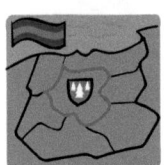

gwladwriaeth

država

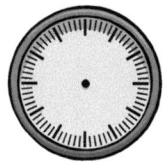

wyneb cloc

brojčanik sata

bys awr

satna kazaljka

bys munud

minutna kazaljka

bys eiliad

sekundna kazaljka

Faint o'r gloch yw hi?

Koliko je sati?

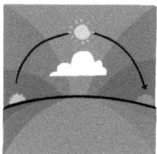

dydd

dan

amser

vreme

yn awr

sada

cloc digidol

digitalni sat

munud

minuta

awr

čas

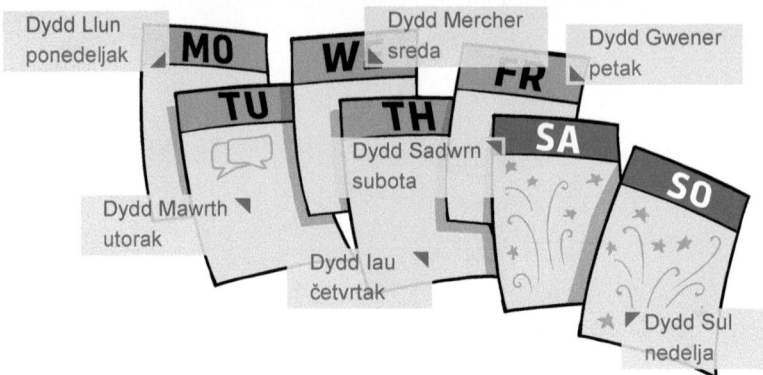

Dydd Llun
ponedeljak

Dydd Mercher
sreda

Dydd Gwener
petak

Dydd Mawrth
utorak

Dydd Sadwrn
subota

Dydd Iau
četvrtak

Dydd Sul
nedelja

ddoe

juče

heddiw

danas

yfory

sutra

bore

jutro

canol dydd

podne

noswaith

veče

diwrnodiau busnes

radni dani

penwythnos

vikend

blwyddyn
godina

glaw
kiša
enfys
duga
gwynt
vetar
eira
sneg
gwanwyn
proleće
hydref
jesen
haf
leto
gaeaf
zima

4.APRIL 11°
5.APRIL 4°
6.APRIL 13°
7.APRIL 8°
8.APRIL 10°

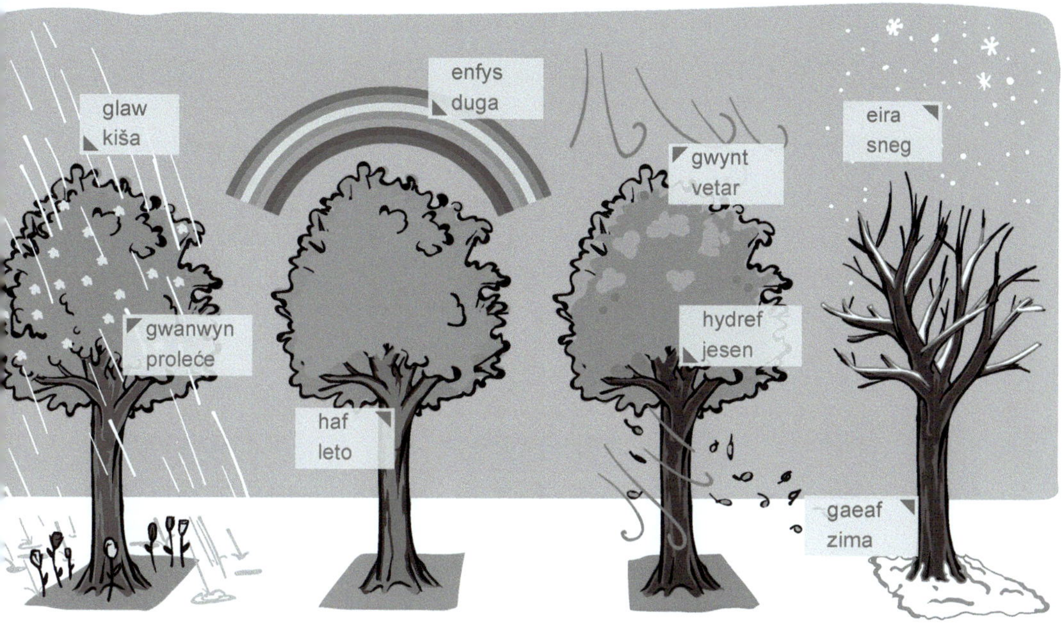

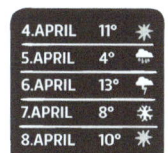

rhagolygon y tywydd
meteorološka prognoza

F
C
120
90
60
30
0
-30
40
30
20
10
0
-10
-20

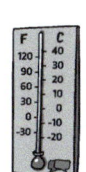

thermomedr
termometar

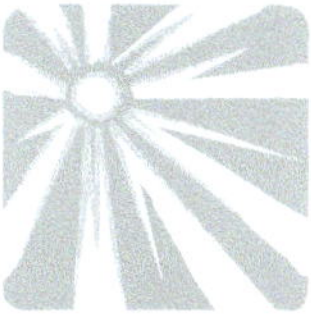

heulwen
sunčana svetlost

cwmwl
oblak

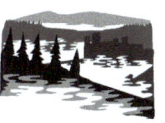

niwl tew
magla

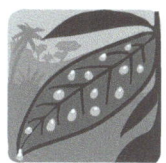

lleithder
vlažnost vazduha

mellt
munja

taranau
grmljavina

storm
oluja

cenllysg
tuča

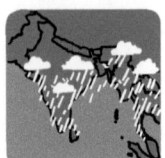
monsŵn
monsun

llif
poplava

iâ
led

Ionawr
januar

Chwefror
februar

Mawrth
mart

Ebrill
april

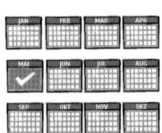
Mai
maj

Mehefin
juni

Gorffennaf
juli

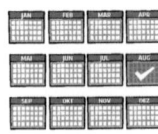
Awst
avgust

Medi

septembar

Hydref

oktobar

Tachwedd

novembar

Rhagfyr

decembar

siapiau
oblici

cylch

krug

sgwâr

kvadrat

petryal

pravougao

triongl

trougao

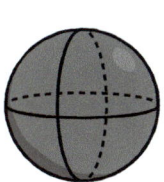

sffêr

kugla

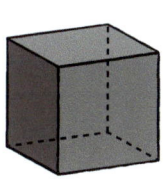

ciwb

kocka

gwyn

bela

melyn

žuta

oren

narandžasta

pinc

ružičasta

coch

crvena

porffor

ljubičasta

glas

plava

gwyrdd

zelena

brown

smeđa

llwyd

siva

du

crna

llawer / ychydig

mnogo / malo

dig / tawel

ljutito / mirno

hardd / hyll

lepo / ružno

dechrau / diwedd

početak / kraj

mawr / bach

veliko / maleno

llachar / tywyll

svetlo / tamno

brawd / chwaer

brat / sestra

glân / budr

čisto / prljavo

gyflawn / anghyflawn

potpuno / nepotpuno

dydd / nos

dan / noć

farw / yn fyw

mrtvo / živo

eang / cul

široko / usko

bwytadwy / anfwytadwy

jestivo / nejestivo

drwg / caredig

zlo / dobro

llawn cyffro / diflasu

uzbuđeno / dosadno

tew / tenau

debelo / mršavo

cyntaf / olaf

na početku / na kraju

cyfaill / gelyn

prijatelj / neprijatelj

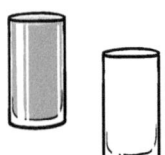

llawn / gwag

puno / prazno

caled / meddal

tvrdo / mekano

trwm / ysgafn

teško / lagano

wedi newynnu / yn sychedig

glad / žeđ

yn sâl / yn iach

bolesno / zdravo

anghyfreithlon / cyfreithiol

ilegalno / legalno

deallus / twp

pametno / glupo

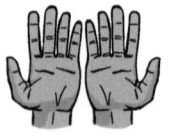

chwith / dde

levo / desno

agos / pell

blizu / daleko

newydd / wedi'i ddefnyddio
....
novo / polovno

dim / rhywbeth
....
ništa / nešto

hen / ifanc
....
staro / mlado

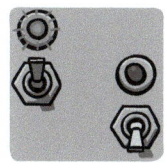

ymlaen / i ffwrdd
....
uključeno / isključeno

ar agor / ar gau
....
otvoreno / zatvoreno

tawel / uchel
....
tiho / glasno

cyfoethog / tlawd
....
bogato / siromašno

cywir / anghywir
....
tačno / pogrešno

garw / llyfn
....
hrapavo / glatko

trist / hapus
....
tužno / sretno

byr / hir
....
kratko / dugo

araf / cyflym
....
polako / brzo

gwlyb / sych
....
mokro / suho

cynnes / claear
....
toplo / hladno

rhyfel / heddwch
....
rat / mir

0
sero
nula

1
un
jedan

2
dau
dva

3
tri
tri

4
pedwar
četiri

5
pump
pet

6
chwech
šest

7
saith
sedam

8
wyth
osam

9
naw
devet

10
deg
deset

11
un deg un
jedanaest

12
un deg dau
dvanaest

13
un deg tri
trinaest

14
un deg pedwar
četrnaest

15
un deg pump
petnaest

16
un deg chwech
šestnaest

17
un deg saith
sedamnaest

18
un deg wyth
osamnaest

19
un deg naw
devetnaest

20
dau ddeg
dvadeset

100
cant
stotinu

1.000
mil
hiljadu

1.000.000
miliwn
milion

jezici

Saesneg

engleski

Saesneg America

američki engleski

Tsieinëeg Mandarin

mandarinski kineski

Hindi

hindski

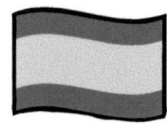

Sbaeneg

španski

Ffrangeg

francuski

Arabeg

arapski

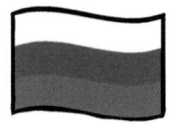

Rwseg

ruski

Portiwgaleg

portugalski

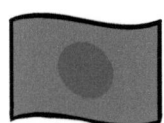

Bengali

bengalski

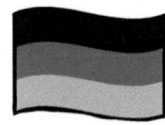

Almaeneg

nemački

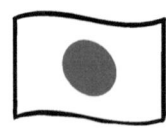

Siapanaeg

japanski

fi
ja

ti
ti

ef / hi
on / ona / ono

ni
mi

chi
vi

nhw
oni

pwy?
Ko?

beth?
Šta?

sut?
Kako?

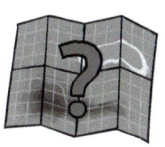

ble?
Gde?

pryd?
Kada?

enw
ime

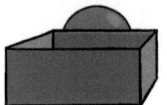

y tu ôl i

iza

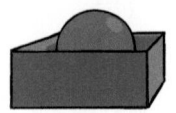

yn / yng / ym / mewn

u

o flaen

ispred

dros

preko

ar

na

dan

ispod

wrth ochr

pored

rhwng

između

lle

mesto